AU NOM DU VÉRITABLE AMOUR

Jéry Clève BAYINDOULA

AU NOM DU VÉRITABLE AMOUR

Poésie

Préface de Pierre NTSEMOU

Ma poésie porte la double culture franco-congolaise qui me tient tant à cœur. C'est un fin mélange de la valse française et de la rumba congolaise. Cette particularité la distingue des autres. Elle raconte, berce, transporte et fait réagir. Elle est aussi généreuse que le Flamboyant du Congo-Brazzaville et aussi majestueuse que le Jacaranda méditerranéen. Elle est tout simplement le fruit de ma personnalité.

L'auteur

PRÉFACE

L'amour ! L'amour ! L'amour ! Il est incontestablement le mot le plus doux contenu dans le dictionnaire de la Vie humaine. Sa définition fait sourire, son évocation suscite des fantasmes de plaisir, sa pratique plonge l'homme et /ou la femme dans un état d'esprit euphorique qu'aucun mot français ne saurait traduire sans trahir la vérité du ressenti indescriptible. Et le verbe merveilleux qui de ce mot découle, à savoir AIMER, se conjugue avec émotion inénarrable au présent de l'indicatif excité, d'abord à la première personne du singulier, le cœur battant ; ensuite à la deuxième personne du singulier, le cœur de l'autre répondant et enfin à la première personne du pluriel en fusion à la forme pronominale jouissive, culminant ainsi en apothéose, la célébration du plus grand des dons divins à l'être humain : la VIE.

Oui, qu'il est beau de dire : « j'aime ». Il est bien de dire : « tu aimes ». Il est bon et mieux de dire : « nous nous aimons ». Oui ! L'amour au pluriel est un concept noble qui prenant naissance dans le cœur de l'un se loge dans le sein de l'autre pour culminer en feux incandescents de désirs, de plaisirs, de délires et de soupirs à n'en point finir. C'est pour nous partager ces moments de volupté, d'intensité exponentielle dans les jeux de l'amour que Jéry Clève BAYINDOULA, que j'appelle affectueusement « TROIS S », le Splendide Séducteur Sentimental, nous offre ici ce bouquet de vers libres ivres d'amour de l'autre que le « je » de narration peut faire penser à des sentiments personnels et personnalisés, pour un être précis que seul son cœur connaît, alors qu'il exprime ce que tout cœur amoureux éprouve quand la flèche de Cupidon a eu raison de sa cuirasse sentimentale.

Dans la peau de l'homme qui aime follement, le poète nous sert sur un plateau de vers de séduction, un cocktail fumant dans des verres remplis de liqueur lyrique aux effets excitants des relents libidineux.

Dans la peau de la femme entichée de son charmant prince, l'élu de cœur qui l'a emprisonnée, le poète est le porte-voix de l'exaltation érotique dont les miaulements de désirs sont exprimés par des mots et des vers du registre du supplicié appelant le coup de grâce par le coup de gong annonçant l'arrivée au septième ciel, étape suprême et ultime de la célébration des noces sentimentales…

« J'appose dans ton cou
Un doux et délicieux bisou
Tel un tatouage indélébile
Si cher à ta douce peau
Et si tendre à ton cœur

Non, surtout ne résiste pas
Laisse-toi bercer par ma voix
Profite des mots d'amour
Ceux qui titillent tes sens

Si tu fermes tes yeux
En respirant un grand coup
Tout en pensant si fort à moi
Sans te poser la moindre question
Nos esprits fusionneront

C'est alors que nous nous envolerons
Vers les cieux du plaisir absolu
Où le nirvana est à portée de main
Bien loin des tracas du quotidien.»

Nous avons relevé supra l'appétence du poète à flirter avec la poésie traditionnelle caractérisée par le recours à la stylistique et ses nombreuses figures de style, telles la métaphore, l'anaphore, l'hyperbole, la métonymie, la personnification, etc. pour donner du relief à son lyrisme :

« Sous l'air tiède de ce doux climat printanier
La belle fleur se blottit contre moi
Et posa sa tête sur mon épaule
Au grand bonheur de mon cœur. »

En voilà bien dans cette strophe, la preuve avec le vers 2 où la métaphore « belle fleur » désignant la femme, la bien aimée âme sœur du locuteur/poète/ou anonyme personnage est doublée d'une autre figure de style, la personnification adjacente qui clôt le vers : « se blottit contre moi. » Se blottir est du ressort des Humains ou des êtres capables de se mouvoir comme les animaux ; il ne saurait être du registre de certains éléments de la nature comme les plantes ou les fleurs. C'est tout à l'honneur et au bonheur des férus de belles lettres classiques que nous sommes de réaliser les survivances des reliques des enseignements merveilleux de la poésie dite classique. Et nous ne cachons pas notre plaisir de savourer et assouvir notre petite gourmandise en dévorant avec délectation les vers ci-après :

« Je me souviens de ta douceur
Qui effaçait toute ma noirceur
Pour laisser place au plaisir
Lequel assouvissait mon désir

Je me souviens de ta tendresse
Pleine de grâce et remplie d'adresse
Qui calmait l'inquiétude et l'anxiété
Pour m'apporter la quiétude et la sérénité

Je me souviens de chaque caresse
Pourvue d'attention et de délicatesse
Qui redessinait ma jolie silhouette
Dans l'ivresse sentimentale sous la couette

Je me souviens de ton toucher sensuel
Qui produisait cet effet sensationnel
Lequel me transportait illico au septième ciel
Pour un bonheur aux couleurs de l'arc-en-ciel

Je me souviens de ces mains baladeuses
Qui étaient à la fois joueuses et fouineuses
Tout en étant majestueuses et merveilleuses
Sans pour autant être hideuses ni odieuses

Il faut dire après avoir parcouru cette quarantaine de textes tout aussi croustillants que sensuels les uns comme les autres, que le poète est passé maître dans l'autopsie des cœurs en rut, foudroyés par le démon du désir charnel, non sans un esprit de lucidité pour prendre la mesure du propos autour de l'amour qui a fait, fait et fera des ravages dans les destins des femmes et des hommes pris à son piège. L'amour épate dans un coup de foudre au départ de tout ; il appâte ensuite par ses atours tentaculaires avant qu'il ne fracasse certains esprits fragiles contre le mur de la désillusion, quand l'être aimé s'en est allé sans crier gare, trouver ailleurs un meilleur four d'amour pour cuire son pain de désirs.

« S'enlacer
Le temps d'un instant
Lorsqu'on s'aime
Ce moment tant apprécié des amoureux
Que nul d'entre eux ne raterait pour rien au monde (...)
Soudain la vie devient rose
Comme par enchantement, le monde retrouve ses couleurs
La tristesse de l'Humanité n'est plus qu'un lointain souvenir
Mais le plus dur est le retour à la réalité
Lequel est vécu comme un coup de massue

On prend alors conscience que les bonnes choses
ne durent jamais longtemps
On finit par admettre que tout a une fin (...) »

Voilà des vers écrits à l'encre de la réalité vécue sur la planète de l'amour. Tout n'est pas que roses sans des boutures d'épines capables de blesser l'homme ou la femme voulant les cueillir pour s'enivrer de la fragrance de leur doux et merveilleux parfum. La mise en garde est celle d'un observateur averti de la « chose sentimentale ».

Jéry Clève BAYINDOULA est vraiment un enseignant au sens noble du terme dans le registre de la dénotation où ce mot désigne le formateur, le moralisateur, l'éducateur, le précepteur, bref le porteur de lumières à ceux à qui s'adresse son propos.

En effet, dans son poème intitulé **Quand l'amour s'en va**, il n'y va pas de main molle pour enseigner et renseigner le lecteur autour des retombées du désamour, de la défaite après la fête des amoureux. On ne peut pas être plus véridique sur la question de l'amour en disant sans langue de bois que :

« Quand l'amour s'en va
Et s'éloigne de nous
Le désespoir s'installe
En lieu et place de l'espoir

Si l'autre part soudain
Vers les horizons lointains

La belle complicité s'envole
Les souvenirs s'enracinent

Pas le moindre préavis
Sans m'y être préparé(e)
Tu as décidé de t'en aller
Par un simple coup de folie

Les larmes aux yeux
Je cherche les mots
Qui soient assez justes
Pour exprimer ma tristesse

C'est avec désarroi
Que je subis ce naufrage
Qui fait tant mal au cœur
Que tu avais pourtant conquis

Tu tiens d'une main ferme
Ce couteau à double tranchant
Qui s'enfonce dans mes tripes
Pour ôter ma passion amoureuse

Cette mort lente et certaine
Par-delà la douleur insupportable
M'éloigne assurément de ton amour
Rempli de douceur et de tendresse. »

Dans ces conditions, la messe est dite, la pilule amère remplace dans la bouche des amoureux le miel du 7e ciel et dans le cachot des déçus d'amour, on rumine l'amertume des lendemains qui déchantent après les temps où l'on se gavait des fruits savoureux de l'amour.

Pourtant, comment peut-on résister aux feux du désir, au plaisir de courtiser cette belle et adorable créature qu'est la femme ! Le poète des amours, « TROIS S », le Splendide Séducteur Sentimental, le bien nommé et bien aimé de la gent féminine, nous gratifie d'un magnifique poème **Promesse d'amour**. Un texte à ressasser pour maîtriser l'art de séduire à ravir un cœur. Lisez-le en faisant autour de vous un vide total. Fermez les yeux et laissez-vous emporter par le verbe sirupeux du poète. Alors, vous conviendrez avec moi, qu'il y a chez nous sous les Tropiques des Don juan réincarnés. Et ne dérogeant pas à la tradition qui voudrait qu'on servît le meilleur repas lyrique à la fin pour laisser le lecteur sur sa faim, car réclamant davantage l'exquis service, notre virevoltant poète Jéry Clève BAYINDOULA clôt avec panache sa belle odyssée sentimentale avec **Rêve d'amour** en chantant **Rien que l'amour** en disant **Soleil de mon amour** et en faisant un **Rituel amoureux** pour signer en vers sublimes la fin de son **Voyage d'amour**.

Pierre NTSEMOU,
Écrivain & critique littéraire

ATTRAPE-CŒUR

Sans être tapageur
Au regard ravageur
Je me fais partageur
D'un instant voyageur

J'ai ce grand cœur
Qui accroche ton cœur
Avec du beau moqueur
Sans la moindre rancœur

Je refuse tout malheur
D'une vie faite de leurre
Car je préfère la chaleur
Qui apporte de la couleur

Loin d'être un souffleur
Encore moins un siffleur
Pas même un persifleur
Je cajole une belle fleur

Je ne suis pas pêcheur
Ni même martin-pêcheur
Encore moins empêcheur
Juste un simple prêcheur

Toulouse, le 23 octobre 2021

BAISER D'ADIEU

Je te dis adieu
En versant une larme
En te tournant le dos
En regardant l'horizon.

Et je m'en vais loin
Sans faire de bruit
Comme ce léger vent
Qui me caresse la peau.

Mais avant de partir
Je t'attends à l'aube
Dans ce jardin fleuri
Où tout a commencé.

Sur ce banc public
De nos embrassades
Je reste bien assis
En espérant ta venue.

En guise d'au revoir
Je n'espère rien d'autre
Que ce langoureux baiser
Qui électrise tout mon corps.

Toulouse, le 24 avril 2021

Jéry Clève BAYINDOULA

TENDRE DÉLICE

J'appose dans ton cou
Un doux et délicieux bisou
Tel un tatouage indélébile
Si cher à ta douce peau
Et si tendre à ton cœur

Non, surtout ne résiste pas
Laisse-toi bercer par ma voix
Profite des mots d'amour
Ceux qui titillent tes sens

Si tu fermes tes yeux
En respirant un grand coup
Tout en pensant si fort à moi
Sans te poser la moindre question
Nos esprits fusionneront

C'est alors que nous nous envolerons
Vers les cieux du plaisir absolu
Où le nirvana est à portée de main
Bien loin des tracas du quotidien

Toulouse, le 22 avril 2021

CHANTE AVEC MOI

J'interpelle ton cœur
En y mettant du cœur
Pour stopper la rancœur
Qui gangrène les cœurs

Je ne suis pas menteur
Aux allures de profiteur
Qui prend de la hauteur
Et prépare l'apesanteur

Je ne suis pas moqueur
Pas même un extorqueur
Encore moins un rockeur
Qui s'empiffre de liqueurs

Je ne veux pas de faveur
Pour connaître ta saveur
Malgré toute cette ferveur
Qui donne un air enjoliveur

Je t'offre la vie en couleur
À l'abri de ces antivaleurs
Qui ignorent ta vraie valeur
Comme si c'était un leurre

Je mets fin à ton malheur
En apportant ma chaleur
Tel un bouclier antidouleur
Face à tous ces cavaleurs

Chante avec moi en chœur
Afin d'unir nos deux cœurs
Pour ce qui nous tient à cœur
Notre romance sans rancœur

Toulouse, le 6 mars 2022

CLIMAT PRINTANIER

Comme à son habitude
La belle saison des amoureux
Tient à sa bonne réputation
À l'image de ce beau dimanche de printemps.

Prêts à passer un agréable moment
En amoureux passionnés, ma dulcinée et moi
Nous promenions tranquillement et sereinement
Le long de ce fleuve au calme olympien.

Pendant que nous marchions à l'unisson
L'un(e) collé(e) à l'autre et main dans la main
Nos deux silhouettes ne formèrent plus qu'une
Enlaçant et entremêlant nos courbes corporelles.

Sous l'air tiède de ce doux climat printanier
La belle fleur se blottit contre moi
Et posa sa tête sur mon épaule
Au grand bonheur de mon cœur.

Toulouse, le 20 avril 2020

Jéry Clève BAYINDOULA

CŒUR D'ARTICHAUT

De mon cœur d'artichaut
Enivré de belles intentions
Découle un amour véritable
Que nulle autre femme que toi
N'a jamais pu ni su conquérir

Je n'ai aucune autre prière
Que celle qui s'adresse à ton cœur
Pour troubler ton intellect
Et te faire perdre la tête
Afin que tu demeures mienne

Je n'ai pas d'autre souhait
Que celui d'être à tes côtés
Pour me blottir contre toi
Tel un nouveau-né prématuré
Profitant de la chaleur maternelle

Il existe plein d'autres romances
Aux quatre coins de cette planète
Mais nul autre que moi n'aura su t'aimer
De cet amour si vrai, si propre et si pur
Qui fait chanter la lune et danser les étoiles

Toulouse, le 8 août 2021

AMOUR PARADISIAQUE

Je prends à témoin Cupidon
Pour te promettre un amour inédit
Lequel ne te fera jamais souffrir
Puisque j'obéirai encore à tes caprices
Qu'elles soient farfelues ou raisonnables

Je te couverai de ces douces caresses
Dont la magnificence fait perdre le nord
Pour t'ouvrir les portes du paradis
Qui ne sera pas qu'un rêve pour toi
Mais plutôt une réalité à portée de main

Je ferai de chaque mot d'amour
Un qualificatif pour décrire notre idylle
Afin que le souvenir de notre attirance
Reste à jamais gravé dans les cœurs
De tous ces gens qui rêvent du véritable amour

Je réinventerai encore l'amour
Pour en faire le plus beau des arts
Afin de continuer à t'aimer plus que tout
Au point de rendre jalouses les autres femmes
Tant mes baisers sont doux, tendres et succulents

Toulouse, le 8 août 2021

Jéry Clève BAYINDOULA

COMME LE VENT D'HIER

Je me souviens de ta douceur
Qui effaçait toute ma noirceur
Pour laisser place au plaisir
Lequel assouvissait mon désir

Je me souviens de ta tendresse
Pleine de grâce et remplie d'adresse
Qui calmait l'inquiétude et l'anxiété
Pour m'apporter la quiétude et la sérénité

Je me souviens de chaque caresse
Pourvue d'attention et de délicatesse
Qui redessinait ma jolie silhouette
Dans l'ivresse sentimentale sous la couette

Je me souviens de ton toucher sensuel
Qui produisait cet effet sensationnel
Lequel me transportait illico au septième ciel
Pour un bonheur aux couleurs de l'arc-en-ciel

Je me souviens de ces mains baladeuses
Qui étaient à la fois joueuses et fouineuses
Tout en étant majestueuses et merveilleuses
Sans pour autant être hideuses ni odieuses

Je me souviens de cette période magique
Où rien ne semblait être maléfique
Tant chaque moment était magnifique
Puisque tout paraissait agréable et féerique

Après tant d'années, je m'en souviens encore
Comme si c'était hier, je m'en souviens encore
Même si tu t'en vas, je m'en souviendrai toujours
Si jamais tu restes, je m'en souviendrai toujours

Toulouse, le 17 mai 2020

ESPRIT D'AMOUR

La fièvre d'amour
Qui frappe le cœur
Fleurit notre esprit
D'un bonheur inouï

Qui aime se livre
Qui aime se donne
Qui aime se dévoile
C'est ça l'art d'aimer

L'amour est action
L'amour est frisson
L'amour est passion
L'amour est sensation

L'amour exige patience
Pour devenir une alliance
De ceux qui ont la chance
De connaître son ambiance

Sujet aux complications
Et exposé aux altercations
L'amour se veut implication
Pour éviter les explications

Bien plus qu'impression
L'amour est aussi attention
Laquelle exprime l'intention
Sans être dans la compassion

TGV trajet Bordeaux-Paris, le 25 avril 2022

Jéry Clève BAYINDOULA

FAVORITE DE MON CŒUR

Grâce à toi,
Je crois en l'avenir
Je me mets à rêver
Je vois tout en rose
Je prends goût à la vie

Rien que pour toi,
Je remue ciel et terre
Pour attirer ton attention
Afin de parler à ton cœur
Et faire exister notre amour

Toi, la sublime créature
Et favorite de mon cœur
Tu es cette femme de rêve
Venue d'une autre planète
Pour le bonheur d'un homme

Par amour pour toi,
Je réinvente la douceur
Que j'applique à ton corps
Et je redéfinis la tendresse
Que j'expérimente sur ta peau

Cet amour est si pur
Que les mots de mon cœur
Brillent par leur bienveillance
Comme ce doux soleil de midi
Qui donne le sourire aux lèvres

Cet amour est si vrai
Que nos larmes de tristesse
Deviennent de lointains souvenirs
Tant cette passion qui nous anime
Plonge dans une béatitude céleste

Toulouse, le 28 juin 2021

Jéry Clève BAYINDOULA

FLEUR DU MAL

Sans être fâché
Laisse-moi lâcher
Comme à l'arrachée
Mes idées perchées
Tel un véritable archer
À l'adresse recherchée
Avec sa dorure éméchée
Visant mon cœur flanché
Qui ne pouvait que flasher
Pour cette belle chevauchée
Au goût inouï, mais inachevé
Faisant de moi ton beau rocher
Appréciant l'instant sans trébucher

Toulouse, le 9 octobre 2022

IVRE DE DÉSIR

J'interpelle ton désir
De mon cœur tendre
Rempli d'espoir
Dépourvu de désespoir

Mes pensées pavanent
Vers une épopée sentimentale
Aussi charnelle que spirituelle
Où nos corps s'empalent

Dans cet enchantement inouï
Nos bouches se débectent
Nos langues s'enlacent
Et nos esprits fusionnent

Que du plaisir sensationnel
À partager ensemble
D'un consentement mutuel
Au grand bonheur des êtres
Qui s'aiment à la folie

Nous nous cherchons sans relâche
Et nous nous trouvons continuellement
Pour nous retrouver comme d'habitude
Dans nos délires préférés

Nos regards complices
Qui enivrent de transes
Des masses corporelles endiablées
Boostées par un élixir envoûtant
Pour une excitation sans pareille

La puissance électrisante
D'où émane cette attirance ensorcelante
Devient condition sine qua non
À l'exploration et l'exploitation de l'orgasme
absolu

Le nirvana exaltant
Résultant de cette belle aventure
Fait atteindre le septième ciel de la jouissance
Qui procure la sensation extraordinaire
d'immortalité

Toulouse, le 14 juillet 2018

JE M'ENVOLE

Je suis aux anges
Quand tu me mates
Je suis joyeuse
Quand tu me parles
Je suis ivre de désir
Quand tu me touches
Je suis en transe
Quand tu me caresses
J'exalte de bonheur
Quand tu m'embrasses

Soudain,
Le temps s'arrête
Le silence s'impose
Mon cœur s'emballe
Mon corps frissonne

Et là,
Je m'envole

Je deviens folle
Je me déhanche
Je me trémousse
Je perds le contrôle
En étant toujours drôle

Jéry Clève BAYINDOULA

L'excitation s'amplifie
Le plaisir s'intensifie
Les soupirs s'invitent
Les émotions s'expriment
Les frissons apparaissent

À l'instant-même
Où j'atteins le septième ciel
Je me sens heureuse
Je me crois immortelle
Et mon esprit est apaisé

Toulouse, 8 janvier 2021

LA BELLE DE MON CŒUR

Sous le soleil des amours
Mon cœur bat la chamade pour toi
Comme un amoureux de la première heure
Aux sentiments plus vrais que nature
Et dont la pureté ne fait aucun doute
Tant ils traduisent le plaisir de t'aimer
Lequel témoigne à son tour de ma joie de vivre
Manifestation physique du bonheur que tu me procures
Et preuve tangible d'un amour sans pareil
Puisque jour après jour
Nuit après nuit
Heure après heure
Minute après minute
Seconde après seconde
Je t'aime davantage
Je t'aime encore plus fort
Je t'aime de plus en plus fort
Je t'aime par-dessus tout
Je t'aime de cet amour propre
Je t'aime d'un amour inégalé
Je t'aime de ces sentiments amoureux aussi frais que la rosée du matin
Je t'aime comme je n'ai jamais aimé auparavant
De mon bon, humble et doux cœur
Il n'y a rien d'autre que de bonnes intentions
Ces douces et touchantes pensées dont la sincérité est d'une pureté inouïe
Car tu es la belle de mon cœur
Toi qui es plus belle que belle

Femme à la beauté naturelle plus expressive
Que celle de la belle au bois dormant
Laisse-moi vivre d'amour pour toi

Toulouse, le 12 mai 2019

LA DANSE DU BONHEUR

Elle est heureuse avec lui
Elle est bien dans ses bras
Elle rêve de lui tout le temps
Elle décide de franchir le pas

Tous les feux sont au vert
La lune a donné son accord
Les anges du ciel étant joyeux
La danse peut enfin commencer

Elle est physiquement prête
Et psychologiquement rassurée
Ses yeux sont remplis d'étoiles
Pour vivre un moment inoubliable

Pour rien au monde lui souffle-t-elle
Elle ne raterait une si belle occasion
De s'abandonner à son premier amour
Ce beau, ténébreux et doux Don Juan

Elle vit ce grand frisson avec délectation
Se trémoussant sans le moindre complexe
Se déhanchant avec agilité dans tous les sens
Elle est entrée en transe comme une possédée

Toulouse, le 22 janvier 2022

Jéry Clève BAYINDOULA

LA MINUTE TENDRE

S'enlacer
Le temps d'un instant
Lorsqu'on s'aime
Ce moment tant apprécié des amoureux
Que nul d'entre eux ne raterait pour rien au monde
De par ses émotions sensationnelles
Couplées d'une sensualité endiablée
Fait valser nos sens
S'empare de nos esprits
Et prend le contrôle de nos corps
Pour nous plonger dans les arcades lunaires du bonheur
Et nous procurer cette sensation extraordinaire de la plénitude absolue
Soudain, la vie devient rose
Comme par enchantement, le monde retrouve ses couleurs
La tristesse de l'Humanité n'est plus qu'un lointain souvenir
Mais le plus dur est le retour à la réalité
Lequel est vécu comme un coup de massue
On prend alors conscience que les bonnes choses ne durent jamais longtemps
On finit par admettre que tout a une fin
Heureusement qu'une minute de plaisir vaut bien plus que plusieurs heures de déplaisir
L'amour est magique
Et certainement pas une illusion

Toulouse, le 10 septembre 2019.

LA ROSE IMMORTELLE

J'ose la rose pour récolter la symbiose
J'offre la rose tout en évitant l'overdose
Je choisis la rose pour que l'amour s'expose

Elle mérite la rose pour cette idylle grandiose
Elle accepte la rose pour sa fragrance virtuose
Elle veut la rose pour sa douceur à l'eau de rose

Des champs ou des jardins, belle demeure la rose
Partout dans le monde, magique demeure la rose
Naturelle et éternelle, immortelle demeure la rose

Peu importe sa couleur, la rose est une fleur magnifique
D'où qu'elle vienne, la rose est une fleur à la beauté unique
Par beau ou mauvais temps, la rose est une fleur romantique

Toulouse, le 23 février 2022

Jéry Clève BAYINDOULA

L'ADDICTION À L'AMOUR

L'addiction à l'amour,
Lorsqu'elle est réelle,
Fait planer dans les airs.

L'addiction à l'amour,
Lorsqu'elle est vraie,
Procure un bonheur inouï.

L'addiction à l'amour,
Lorsqu'elle est sincère,
Apaise l'intellect et l'esprit.

L'addiction à l'amour,
Lorsqu'elle est mutuelle,
Ouvre les portes du paradis.

L'addiction à l'amour,
Lorsqu'elle est pure
Plonge dans la plénitude absolue.

L'addiction à l'amour,
Lorsqu'elle est honnête,
Donne l'impression d'immortalité.

Elle fait couler la douceur.
Elle fait pleuvoir des caresses.
Elle ne se boude pas, cette addiction-là.

Elle chasse la tristesse.
Elle met de bonne humeur.
Elle est vraiment magique, cette addiction-là.

Toulouse, le 5 août 2021.

Jéry Clève BAYINDOULA

L'ART D'AIMER

Vénus m'est témoin
L'art d'aimer est bien réel
Il ne s'improvise pas
Mais s'acquiert et se cultive

Si tu m'offrais ton sourire
Je te ferais pleurer de bonheur
Si tu me dessinais un cœur
Je te couverais de tendresse

Abandonne-toi dans mes bras
Et tu connaîtras ma chaleur
Adonne-toi volontiers à moi
Pour t'abonner à ma douceur

Laisse-moi caresser ton corps
Pour découvrir l'ivresse du désir
Et laisser trainer l'odeur du plaisir
Dans les draps de nos étreintes

Entre ceux qui prétendent t'aimer
Et ceux qui te promettent le paradis
Se dressera l'amour de mon cœur
Lequel est à ce jour sans équivalent

L'intensité de nos sentiments amoureux
Se manifeste par notre bonheur amoureux
Pour nous transporter au pays de l'amour
Où l'on vit de l'art d'aimer de nuit comme de jour

Toulouse, le 13 novembre 2020

DOUX BAISER

Ce moment affolant
Entre personnes qui s'aiment
Où l'on s'abandonne à l'autre
Pour laisser planer l'esprit
Dans les arcades lunaires du bonheur
Afin d'atteindre le septième ciel
Ce nirvana exaltant

Ce baiser-là
Met en transe les corps
Après avoir entraîné les bouches
Dans une aventure aussi belle qu'excitante
Au rythme endiablé des langues
Entremêlées, entrecroisées, enlacées

Ce baiser-là
Garant du plaisir absolu
Seul l'amour en a le secret
Il est unique en son genre
De par son goût mystérieux
De par sa sensualité
De par son romantisme

Ce baiser-là
Doux comme le miel
Et aussi délicieux qu'agréable
Nulle personne ne le boude
Bien au contraire
Les amoureux en raffolent

Toulouse, le 13 septembre 2018

Jéry Clève BAYINDOULA

ÉVASION

Ce pur délice
Tellement langoureux
Tendrement affectueux
Aussi savoureux qu'un mets étoilé
Stoppe le temps
Ce moment de bonheur
Dont les amoureux raffolent tant
Laisse parfois sans voix
Pour faire place au silence
Devant la valse affolante
Des langues endiablées
Qui se cherchent sans relâche
Se tapotent amoureusement
Et batifolent avec gourmandise
Pendant ce temps-là
Qui ne dure pas longtemps
Mais qui arrête le temps
Le temps de s'évader
Le temps d'un instant
On s'abandonne sans retenue
Dans les bras de l'autre
Bien qu'étant souvent court
Ce temps magique
Procure la sensation d'immortalité
Le plaisir paraît alors infini
Mais qu'importe sa durée
Ce qui importe vraiment
C'est de s'aimer réellement
Afin de profiter pleinement
Et de consommer son amour

Sans complexe ni modération
Entre personnes qui s'aiment follement
L'amour devient une poésie douce
Lorsque le romantisme s'y invite

Toulouse, le 12 septembre 2018.

MA FLEUR DE LYS

De mon Cœur, tu es la fleur de Lys
Tu n'as aucune malice
Tu n'es que délice

Toi, mon amour
La fleur de lys de mon cœur
La fleur de lys de mes pensées

Tu es ma fleur de douceur
Tu es ma fleur de caresses
Tu es ma fleur de tendresse

Tu es d'une beauté éblouissante
Tu es d'une senteur exquise
Tu es d'une saveur exaltante

Toi, mon âme-sœur
L'Eden de mes sentiments
L'origine de mon bonheur

Tu es ma fleur de lys envoûtante
Tu es ma passion enchantée
Tu es ma raison d'être

Tu es d'un angélisme affirmé
Tu es d'une pureté confirmée
Tu es d'une authenticité prouvée

Toi, l'unique fleur de lys
Du jardin fleuri de mon cœur
Aux couleurs du printemps

Toulouse, le 4 avril 2017

Jéry Clève BAYINDOULA

VIVRE D'AMOUR

Respirez l'amour
Parlez de l'amour
Soyez mamours
Pour vivre d'amour

Réchauffez les cœurs
Chassez les peurs
Évitez les rancœurs
Pour vivre d'amour

Éloignez le malheur
Attirez le bonheur
Offrez la chaleur
Pour vivre d'amour

Vivez dans la joie
Transmettez cette joie
Sans être rabat-joie
Pour vivre d'amour

Célébrez l'amour
En ayant de l'humour
Tout en étant glamour
Pour vivre d'amour

Faites vôtre
La vie qui est nôtre
Sans être un vautre
Pour vivre d'amour

L'amour est éternel
L'amour est immortel
L'amour est atemporel
L'amour est intemporel

Toulouse, le 28 décembre 2020

Jéry Clève BAYINDOULA

LES AMOUREUX DE LA PREMIÈRE HEURE

De son si sublime et magnifique corps
Émanait une fragrance naturelle et exquise
Qui se logea dans mes narines sans se faire prier
Pour envoûter le bel homme que j'étais à l'époque.

C'est alors que jaillit soudainement
Depuis une vieille cabane en bord de mer
La Valse N° 2 de Dimitri Chostakovitch
Laquelle stimula nos sentiments amoureux.

L'excitation qui fut à son comble
Augmenta le degré de notre passion amoureuse
Mettant ainsi à rude épreuve tous nos sens
À l'image de la chair de poule qui s'empara de nos peaux.

Le lieu étant inapproprié, trop de regards indiscrets
Aucun tabou ne fut brisé sur cette plage, hélas !
Ma dulcinée et moi prenions notre mal en patience
Pour une soirée amoureusement torride.

Cette attente en valut la peine
En témoigne cette soirée inoubliable
Qui reste à jamais gravée dans nos mémoires
Comme chez deux amoureux de la première heure.

Toulouse, le 20 avril 2020

LES JOURS HEUREUX

Je chanterai ta douceur
Pour connaître le bonheur
D'une vie remplie de bonne humeur
Qui tiendra loin de moi le malheur
Lequel apporte la tristesse
Fidèle alliée du désespoir
Et pire ennemie de l'espoir
Mais je préfère espérer
Plutôt que désespérer
Car je crois en ton amour
Qui me fait vivre des jours meilleurs

Toulouse, le 31 janvier 2020

Jéry Clève BAYINDOULA

MA DOUCE FÉLINE

Je me délecte de ton nectar
Pour son goût exotique
Et sa sensation exquise
Qui arrête le temps
Et fait oublier la mort
Comme dans un temple de paix

Je raffole de ton doux baiser
À l'image de ta langue sensuelle
Complice de ton regard coquin
Avec tes beaux yeux en amande
Et ton charme à couper le souffle
Qui fait penser à la Reine de Saba

J'en ai rencontré des femmes
Mais toi, tu es unique en ton genre
En tout point de vue, tu es belle
Tu es d'une beauté incomparable
Et d'une élégance incroyable
Avec ta magnifique silhouette

J'en ai connu des tendresses
Mais la tienne est inouïe
Cléopâtre ne ferait pas le poids
Athéna se serait inclinée
La Joconde aux oubliettes
Et Marilyn Monroe surclassée

J'en ai connu des douceurs
Mais aucune ne vaut la tienne
Tant elle transporte au paradis
Elle fait frissonner mon corps
Elle affole chacun de mes sens
Et me catapulte au septième ciel

Tu es la féline aux griffes caressantes
À qui je donnerais volontiers mon dos
Afin de goûter au bonheur du Nirvana
Et oublier ainsi les tracas du quotidien
Au point même de renoncer à ma lucidité
Juste pour connaître ce plaisir unique

Toulouse, le 16 juin 2022

Jéry Clève BAYINDOULA

MA JOLIE ROSE

C'est une bonne chose
De devenir celui qui ose
Parler d'amour en prose
En interpellant les roses
Bien loin de la psychose

Je fais pousser les roses
Rien que pour toi ma rose
En évoquant la symbiose
Pour une idylle grandiose
Entre passion et virtuose

Je suis celui qui propose
Faire de toi ma seule rose
Pour boire ton eau de rose
Qui préserve de la névrose
Tout en respectant la dose

Je viens à toi ma jolie rose
Pour t'offrir une rose rouge
Sans soupçon d'impuretés
Et qui scintille par sa pureté
À l'instar de ta grande beauté

Je me livre à toi ma jolie rose
En osant une belle rose bleue
Pour sa vraie couleur naturelle
Signe d'une romance éternelle
Aux allures très passionnelles

Toulouse, le 20 février 2022

MOMENT MAGIQUE

Il n'y a point d'outrage
Sur cette île sauvage
Où l'amour fait rage
Loin des formes d'usage

Tel un vrai mannequin
Dans ton regard coquin
Je ne vois pas d'arlequin
Ni de geste mesquin

Ton charme envoûtant
Mais aussi hypnotisant
Avec son effet électrisant
Met dans un état affolant

Tes mains baladeuses
Bien loin d'être hideuses
Sont plutôt majestueuses
Et même très vertueuses

Tes courbes corporelles
Dignes de Simone Pérèle
Sont très sensationnelles
Sans être consensuelles

Jéry Clève BAYINDOULA

Je vis un moment magique
Dans un endroit magnifique
Comme dans un rêve féerique
Grâce à tes caresses uniques

Toulouse, le 25 octobre 2021

PROMESSE D'AMOUR

Non, je n'ai jamais vendu le moindre rêve
Juste parce que la vie est bien plus qu'un rêve
Mais je promets de t'offrir une romance de rêve
Afin que le véritable amour ne soit pas qu'un rêve

Je t'aimerai comme personne auparavant
En mettant toujours notre amour en avant
Pour un bonheur aussi brillant que le soleil levant
Lequel aura tout de lumineux et rien de décevant

Je t'offrirai un amour pourvu de pureté
Dans lequel il n'y aura pas la moindre impureté
Pour pouvoir t'aimer avec beaucoup de sincérité
Et te faire connaître une vie sans irrégularité

Je te ferai vivre des moments cinégéniques
Dans un paradis à l'abri des personnes cyniques
Où je t'aimerai d'une manière unique et exotique
Tant mon amour pour toi sera pur et authentique

Je ferai de toi la première merveille du monde
Après avoir réinventé l'amour sans être immonde
Afin de vivre librement comme dans un micro
monde
Où nous serons assurément sur la même longueur
d'onde

Je ferai de toi la belle et douce Juliette de mon
cœur
Pour demeurer à jamais le seul vrai Roméo de ton
cœur
Puisque toi et moi aurons vécu un amour sans
rancœur
Lequel nous fera connaître plusieurs orgasmes en
chœur

Quoi que tu fasses, je promets de faire de toi une
lady adorable
Quoi que tu dises, je promets de faire de toi une
reine respectable
Quoi qu'il en soit, je promets de te faire vivre une
idylle formidable
Quoi qu'il arrive, je promets de rendre ton
existence très agréable

Toulouse, le 4 juin 2020

QUAND L'AMOUR S'EN VA

L'amour est magique
L'amour est éternel
L'amour rend immortel
Nous dit-on souvent

Quand l'amour s'en va
Et s'éloigne de nous
Le désespoir s'installe
En lieu et place de l'espoir

Si l'autre part soudain
Vers les horizons lointains
La belle complicité s'envole
Les souvenirs s'enracinent

Pas le moindre préavis
Sans m'y être préparé(e)
Tu as décidé de t'en aller
Par un simple coup de folie

Les larmes aux yeux
Je cherche les mots
Qui soient assez justes
Pour exprimer ma tristesse

C'est avec désarroi
Que je subis ce naufrage
Qui fait tant de mal au cœur
Que tu avais pourtant conquis

Jéry Clève BAYINDOULA

Tu tiens d'une main ferme
Ce couteau à double tranchant
Qui s'enfonce dans mes tripes
Pour ôter ma passion amoureuse

Cette mort lente et certaine
Par-delà la douleur insupportable
M'éloigne assurément de ton amour
Rempli de douceur et de tendresse

Toulouse, le 22 octobre 2020

RÊVE D'AMOUR

J'aimerais faire de toi mon rêve
Pour connaître cette vie de rêve
Où la réalité est comme un rêve
Mieux que la vie d'Adam et Ève

J'aimerais lire dans tes pensées
Sans toutefois vouloir t'offenser
Même si cette idée est insensée
Notre rencontre sera référencée

J'aimerais être un homme dispo
Pour pouvoir te caresser la peau
Dans la tranquillité d'un entrepôt
À l'abri de l'angoisse des impôts

J'aimerais redessiner ta silhouette
Pour t'entraîner dans une pirouette
Avec l'aisance d'une vraie girouette
Sous la chaleur d'une bonne couette

J'aimerais être ton premier complice
Afin d'obéir à chacun de tes caprices
Que je considère comme des délices
Sûrement pas comme des supplices

Jéry Clève BAYINDOULA

J'aimerais écrire sur notre bel amour
Pour en faire un bel exemple d'amour
À l'image de beaux scénarios d'amour
Tant notre idylle est remplie d'amour

Toulouse, le 29 octobre 2021

RIEN QUE L'AMOUR

J'annonce l'amour
Je réclame l'amour
Pour proclamer l'amour

Je crois en l'amour
Je cours après l'amour
Pour trouver l'amour

Je rêve d'amour
J'idéalise l'amour
Pour connaître l'amour

Je vis pour l'amour
J'existe grâce à l'amour
Pour mourir dans l'amour

L'amour est unique
L'amour est magique
L'amour est magnifique

L'amour est agréable
L'amour est insaisissable
L'amour est incontrôlable

Toulouse, le 28 décembre 2021

Jéry Clève BAYINDOULA

SOLEIL DE MON CŒUR

Je ferai fleurir sur tes si jolies lèvres un sourire
étincelant
Dont l'éclat sera comparable au rayonnement
solaire
Tant sa luminosité s'étendra sur des milliers de
kilomètres
Il sera si radieux qu'il ne laissera personne
indifférent

Je ferai de toi l'immaculée conception de mon
existence
Juste parce que tu es la plus belle fleur de mon
cœur
Etant à ce jour ma seule et vraie raison de vivre
Je veux que tu restes à jamais la source de mon
bonheur

Ô soleil de mon cœur !
Ton irruption dans ma vie est un véritable conte
fée
C'est pourquoi je bénis le Ciel de t'avoir mise sur
mon chemin
Mon cœur n'est plus à prendre depuis que tu es
entrée dans ma vie

Toulouse, le 4 novembre 2019

BEAU SOUVENIR

Loin d'être Cruella
Tu es cette Bella
Plus belle que Carla

Sur ce doux matelas
À l'intérieur de la villa
Tu étais mon chocolat

Quel souvenir magique
Dans un lieu magnifique
Pour un moment unique !

Bien loin de l'ayatollah
Aujourd'hui nous y voilà
À évoquer ce souvenir-là

C'était cette danse de Dalila
Avec ta silhouette de Pamela
Et tes lèvres au goût du Nutella

J'avais pu vaincre l'Himalaya
En agissant comme un Maya
Au cœur de la green guérilla

J'étais aux anges ce jour-là
Je voulais vivre cet instant-là
J'avais attendu ce moment-là

Quoi qu'il se passait çà et là
Elle était à nous cette période-là
La vie nous souriait en ce temps-là

Tu lançais sans cesse des "ouh là là !"
Qui se faisaient entendre par-delà
Ces cloisons loin du nuage d'Allah

Toulouse, le 18 janvier 2021

SUR LA PLAGE VIERGE

Le soleil brille
Le ciel est clair
Les oiseaux chantent
Sur la plage sauvage

Le temps s'adoucit
La mer s'émerveille
Les vagues dansent
Sur la plage sauvage

Tout s'arrête autour
L'insouciance m'habite
La sérénité m'anime
Sur la plage sauvage

Je chasse le malheur
J'oublie la souffrance
Je pense au bonheur
Sur la plage sauvage

Loin de la civilisation
Il s'en passe des choses
Sur cette splendide plage
Quand elle défait son corsage

Toulouse, le 4 septembre 2022

Jéry Clève BAYINDOULA

COUCHER DE SOLEIL

Je suis dans la joie
Je vois la vie en rose
Tout est merveilleux
Au coucher de soleil

Mon cœur s'emballe
Mon corps frissonne
Chaque sens s'affole
Quand le jour s'en va

La douceur s'annonce
La tendresse s'exprime
La sensualité s'installe
Dès que le soir arrive

Nos lèvres fusionnent
Pour un baiser unique
Au coucher de soleil
Où tout semble calme

Quand l'amour est réel
Dès que l'amour est vrai
Le baiser paraît magique
A l'abri des indiscrétions

Toulouse, le 4 septembre 2022

SUR UN NUAGE

Sois ce nuage
De tous les âges
Comme héritage
De ce beau village

Sois cette brune
Comme la lune
De la pleine lune
Toujours à la une

Sois ce regard
Plein d'égards
Sans être hagard
Dans ce hangar

Sois cette femme
Porteuse de flamme
Qui brûle mon âme
Sans être une arme

Sois cet amour
Rempli d'humour
Mais très glamour
Loin du désamour

Sois cette caresse
Sans maladresse
Avec délicatesse
Qui chasse le stress

Jéry Clève BAYINDOULA

Sur ce beau nuage
De tes idées volages
Même à force de l'âge
Ta beauté fait des ravages

Toulouse, le 25 février 2022

TOMBÉ DU CIEL

Loin d'être un cauchemar
L'amour est un vrai délice
Qui se consomme sans modération.

Tel un cadeau tombé du ciel
L'amour est souvent trop beau
Qu'il semble parfois irréel.

Il faut alors du temps
Pour admettre que l'amour est réel
S'ensuit une belle romance sentimentale.

Comme un rêve devenu réalité
L'amour se savoure avec gourmandise
Pour ne rater aucune miette du bonheur qu'il procure.

Toulouse, le 19 avril 2020

Jéry Clève BAYINDOULA

RITUEL AMOUREUX

J'exige l'amour
Rien que l'amour
Pour vivre d'amour
Loin du désamour

L'amour captive
L'amour entraîne
L'amour transporte
Lorsqu'il est sincère

À nu et à découvert
Tel un vrai ver de terre
Seul dans son univers
Je me livre à l'amour

De nuit comme de jour
Je suis loin du malheur
Pour profiter du bonheur
Que me procure l'amour

L'amour est parfois cruel
Et par moment conflictuel
Mais demeure un beau rituel
Qui catapulte au septième ciel

Toulouse, le 3 avril 2022

VOYAGE D'AMOUR

Je fais un voyage
Qui n'est point volage
Puisqu'à force de l'âge
Notre idylle est attelage.

Je t'aime sans forçage
Car l'amour est encrage
Tout comme un collage
Mieux qu'un colmatage.

Je refuse d'être en rage
Car je suis bien trop sage
Pour céder à un veuvage
Qui conduit au naufrage.

Je résiste au lynchage
De tous ces commérages
Qui inquiètent et enragent
Puis exposent au dérapage.

Je t'attends sur la plage
De cette si belle île sauvage
Qui abrite ce très beau rivage
Orné de fleurs et de coquillages.

Toulouse, le 25 octobre 2021

TABLE DES MATIÈRES

AUTOBIOGRAPHIE DE JOHN D. ROCKEFELLER

BASED ON REMINISCENCES OF MEN AND EVENTS

Par John D. ROCKEFELLER